LE MEILLEUR ESPAGNOL

C'EST LA REINE

PAR

D. MIGUEL LOPEZ MARTINEZ

> Un Monarque héréditaire peut et doit être irresponsable : c'est un être à part au sommet de l'édifice ; son attribution, qui lui est particulière et qui est permanente, depuis ses ancêtres jusqu'à ses descendants, le sépare de tous les individus de son empire.
>
> (BENJAMIN CONSTANT.)

PARIS
TYPOGRAPHIE HENNUYER ET FILS
7, RUE DU BOULEVARD, 7

1869

LE

MEILLEUR ESPAGNOL

CHAPITRE I

La Reine et la Femme.

Profondément attristés par le bouleversement moral, autant que par le désordre civil et politique qui règne en Espagne, nous allons examiner le fait le plus transcendant de la révolution de septembre, la plus néfaste que nos annales aient enregistré. Nous l'examinerons au point de vue de la loyauté, de l'intérêt public et du droit ; car notre but est d'empêcher que l'opinion publique ne soit égarée par le bruit discordant, résultat des criailleries des fanatiques et des gens abusés, ainsi que des coups redoublés de la pioche destructrice. Usant du droit qui a été proclamé et que nous exercerons avec plus de modération et de ménagement pour la défense que ne le font nos adversaires pour provoquer aussi bien que pour insulter, nous voulons démontrer qu'Isabelle II a fidèlement observé la loi fondamentale de l'État et que sa restauration sur le

* La situation est constituante: Proclamons Isabelle II.

* Les notes que nous mettons en marge sont en grande partie l'application de la saine doctrine constitutionnelle exposée par les auteurs les plus renommés. C'est sur cette doctrine et sur l'opinion des députés constituants qu'est basée la condamnation de la révolution, ainsi que la défense de la Reine.

trône est le seul moyen d'empêcher que les bases de la nationalité espagnole ne soient réduites en poussière par la tempête qui gronde et qui nous fait frémir.

L'Espagne avait besoin de réformes.

Avant le 29 septembre, l'état de la nation n'était ni prospère ni heureux, et le grand malaise qu'on éprouvait depuis longtemps n'était pas le résultat d'une seule cause. Nous nous plaignions tous de rester presque immobiles au bord de l'abîme, tandis que d'autres nations, soient voisines ou lointaines, déployaient une merveilleuse activité, augmentaient leurs capitaux et développaient leur intelligence.

La révolution ne s'est pas proposé d'éviter les abus.

Les populations avaient espéré que la révolution viendrait guérir les plaies; et qu'est-ce que le gouvernement provisoire a fait? Il a été obligé d'avoir recours à la maison Bischofheim en lui demandant un emprunt, et il a accepté en payement les 10 millions que Gonzalez Bravo avait noblement refusé de payer. (Pi. Margall.)

Ce que nous venons de dire est incontestable; mais au lieu de chercher un remède à nos maux dans la réforme des abus, on a essayé de le trouver dans la satisfaction d'un égoïsme brutal, et c'est là l'erreur de la révolution; de même qu'au lieu de rechercher l'origine des fautes commises afin de mettre en jugement le coupable, on a condamné par dépit et par faiblesse la seule personne qu'on ne pouvait pas poursuivre dans l'État, et c'est là le grand crime dont les séditieux vainqueurs se sont rendus coupables.

Conséquences de la révolution.

Dans la province de Malaga on a promis le partage des terres aux électeurs. Si l'on m'y pousse, j'en fournirai les preuves. (Alarcon.)

Du crime et de l'erreur il ne pouvait résulter que l'aggravation de nos maux, et c'est ce qui a eu lieu. La Reine ayant été détrônée, et, ce qui est plus grave, sa dynastie ayant été condamnée, et ce qui est encore plus grave, le principe monarchique ayant été publiquement bafoué, les digues du respect de la dignité humaine ont été brisées, et l'autorité du gouvernement, dans toutes ses manifestations, a été emportée par le torrent dévastateur de l'ambition et de l'audace. Il n'y a que quelques mois que le trône est vide, et voyez ce qui arrive : ici on n'obéit point au gouvernement;

là-bas les tribunaux n'ont pas assez d'autorité ou de pouvoir pour punir les coupables ; plus loin on excite effrontément au pillage ; ailleurs on profane les églises du Seigneur par des actes d'impiété et des paroles sacriléges ; là-bas on assomme les gens et le sang coule à flots. Et dans les rues de Madrid, à la vue du gouvernement, une populace en fureur traîne l'écusson d'un souverain étranger ; et au sein de la situation elle-même les bandes victorieuses luttent et se déchirent, plus soucieuses de se partager le butin que d'écouter les plaintes des gens craintifs, des opprimés et de ceux qui sont ruinés. Il y a plus : afin que rien ne manque à ce sombre et sinistre tableau de nos calamités, l'influence morale a été remplacée par la falsification électorale, et nous sommes sur le point de perdre l'île de Cuba à cause de la lenteur dans l'envoi des secours qu'on y demande.

Un gouverneur a fait arrêter un candidat soupçonné d'avoir conspiré : mais alors où est donc la liberté? (CASTELAR.)

Le pays dit que le gouvernement a fort mal agi, qu'il était impossible d'agir plus mal. (Marquis D'ALBAIDA.)

La Reine est exilée : est-ce que les malheurs qui nous affligeaient ont disparu? Sa race a été vilipendée pour satisfaire la fureur de ceux qui affichent l'amour des doctrines, afin de mieux cacher leur ambition et leurs rancunes : les partis sont-ils plus calmes pour cela? Loin d'en être ainsi les craintes de ruines se sont converties en désastres certains, tout à la fois qu'aux causes de mécontentement qui existaient sont venues se joindre les horreurs de l'anarchie, qui suivent toujours la chute d'un trône séculier et généralement respecté.

Les malheurs du peuple sont aggravés par la chute du trône.

Même aujourd'hui, après l'ouverture des Cortès, on a vu de tristes exemples de la manière dont les masses inconscientes croient réaliser la liberté. (FIGUEROLA.)

Ce qui se passe est abominable, mais cela ne doit ni nous effrayer, ni nous surprendre. La révolution s'étant déclarée l'ennemie de la monarchie, ou des attributs essentiels de la monarchie, on a renoncé à ce

Le trône a été le salut de la société européenne.

qui a sauvé la constitution des peuples dans les temps anciens, à ce qui a sauvé l'unification de l'action sociale au moyen âge, et à ce qui de nos jours a permis et permet à l'heure qu'il est le développement de la liberté sous la protection de la sûreté individuelle et de la tolérance. En même temps et dans le même but on a préparé par le triomphe de la démocratie, qui, d'après la manière dont la révolution la comprend, est le résumé de tous les délires humains, on a préparé, disons-nous, l'avénement à la même époque de l'envie plébéienne du temps d'Aristide, de la débauche légionnaire du temps de Galien, des haines des factions du temps de Manfred et de Conrad, de l'esprit implacable et sanguinaire du temps de Robespierre.

Nature sacrée du pouvoir suprême.

Il y a un fait historique évident, c'est qu'à mesure que l'esprit séditieux enlève son prestige à l'autorité royale, soit pour éviter un abus, soit pour obtenir un droit, l'arbitraire du démagogue devient plus capricieux ou le joug du tyran devient plus insupportable. Le monarque peut abandonner de certaines prérogatives afin de constituer ce qu'on appelle *les pouvoirs de l'État* ; mais il ne peut pas attenter à son décorum sans briser le frein moral qui retient chaque citoyen dans la limite de ses devoirs. Il est permis de supposer que le monarque ne soit pas un modèle de vertu, et qu'il paye parfois son tribut au vice ou à l'erreur inhérents à la faiblesse humaine ; mais il y a en lui quelque chose d'un ordre supérieur qui doit être inaccessible à la censure de ses sujets et qui en tous temps a été mis en dehors de la portée de l'action individuelle. Institution ou mythe, incarnation de la loi ou source vivante du droit, le monarque a inspiré à tous les peuples, civilisés ou sauvages, la vénération due à ce qu'il est et à ce qu'il représente, comme étant le dépositaire et le reflet des traditions héroïques. Aussi chez les nations anciennes ils étaient considérés comme étant les représentants des dieux ; c'est pour cela que les Romains appelaient l'autorité suprême *sacrosancta potestas;* c'est pour cela qu'au moyen âge on vendait les têtes des empereurs ; c'est pour cela que les constitutions modernes déclarent inviolable la personne du monarque ; c'est pour cela que même dans les républiques américaines le président n'est pas sujet aux lois ordinaires pendant l'exercice de son mandat.

Le prestige de l'autorité royale est fondé sur notre convenance.

Assurément on n'a établi de si grandes distinctions en faveur des magistrats suprêmes que pour le bien des grands intérêts publics, dont ils sont les gardiens. Nous représentons le roi avec une épée, parce que, étant le symbole de la force, nous voulons qu'avec cette arme il puisse prévenir ou punir les attentats ; sur son front nous plaçons une couronne, symbole de la majesté, parce qu'il convient que le respect avec lequel nous devons obéir à ses ordres soit plus puissant que l'appât que nous offre leur infraction ; nous mettons sur ses épaules le manteau de pourpre, symbole de la gloire de la patrie, parce que nous voulons avoir sous nos yeux l'exemple des faits mémorables, et transmettre à nos fils, sous la plus auguste représentation, nos exploits et nos prouesses.

La monarchie est l'institution la plus durable, parce qu'elle est la plus sociale et la plus progressive.

Voilà le monarque d'après l'histoire, mais dans la pratique il est encore plus que cela d'après les constitutions modernes. Le trône est heureusement devenu une institution régulatrice des autres pouvoirs de l'État, et le monarque ayant acquis par ce moyen un caractère essentiellement neutre, empêche la reproduction des luttes sanglantes entre le tribunal carthaginois des cent et les suffètes, entre les dictateurs et les tribuns, entre la faction florentine et l'autorité suprême, entre le féodalisme et les vassaux ; il empêche la légalisation d'un abus permanent contre un abus qui pouvait être passager, et que chaque parti cherche en lui-même sa garantie, ce qui équivaudrait à lui confier une arme meurtrière contre les autres ; et finalement, il détruit la possibilité qu'un citoyen audacieux peut avoir de se mettre pendant une heure au-dessus du parti, il empêche qu'une heure plus tard un parti rebelle ne vienne dominer l'assemblée légale, et qu'un moment après, une assemblée souveraine, plus souveraine que le droit, ne vienne, par sa décision, porter le trouble dans l'État et la terreur dans les familles.

D'après ce que nous venons d'indiquer, il ne faut s'étonner de ce que la société se soit émue lorsque la révolution a brisé le sceptre de la Reine, ni de voir gémir cette société affligée. Donoso Cortès nous fournit l'explication de ce fait : les rois représentent l'unité des nations, les dynasties représentent la perpétuité des nations. Le crime de lèse-majesté commis par la révolution ne commence pas et s'arrête à la personne d'Isabelle II, car comprenant dans ses conséquences le peuple qu'elle gouvernait, il condamne au deuil toute une génération.

Un roi constitutionnel ne peut pas être justiciable.

C'est exprès que nous avons qualifié de *crime* l'exil de la Reine ; d'abord parce que ceux qui ont rendu le jugement n'étaient pas des juges légaux, ensuite parce que la Reine ne pouvait pas être soumise à un jugement public, même en admettant qu'elle eût commis quelque faute. Pour juger les fautes de la femme, une tourbe d'ambitieux révoltés ne peut pas composer un jury compétent; pour les erreurs de l'institution, il y a un manteau d'inviolabilité dans les institutions jurées.

Nous éprouvons un grand chagrin en parlant de fautes et d'erreurs, lors même qu'elles ne sont qu'une supposition, surtout quand on sait qu'il y a peu de règnes aussi mémorables que le sera celui d'Isabelle II, par les grands événements qui ont eu lieu pendant sa durée. L'établissement du régime représentatif, l'ordre de succession à la couronne, la transformation sociale qui nous met en état d'être placés au rang des peuples civilisés, sont autant de faits glorieux survenus pendant ledit règne, en échange des excès commis par l'intempérance des partis.

Gloires du règne.

Qu'on ne vienne pas dire, pour affaiblir le mérite de Sa Majesté, que ces conquêtes sont dues uniquement aux efforts populaires; il suffit qu'elle ait contribué à leur conquête dans les limites de ses attributions pour que son nom passe à la postérité justement associé avec notre régénération civile et politique.

Il est inutile que les révolutionnaires appelés *monarchiques* cherchent à établir une distinction, pour cacher le côté insensé de leur conduite, entre le monarque et la monarchie. En rendant le monarque justiciable, on efface de fait le principal attribut de la monarchie, et la sédition victorieuse remplace la loi qui régularise et organise, par la force brutale qui soumet et asservit. La société n'a plus la garantie de tous les droits !

Le manque de respect pour le monarque est une flétrissure pour la monarchie.

Admettons même cette distinction, car nous ne devons éluder aucun argument. Sur quelle raison poli-

Condamner sans procès, c'est la tyrannie.

tique les monarchiques s'appuient-ils pour faire de la Reine le point de mire de leur fureur?

Il est tellement vrai que Sa Majesté n'a rien fait contre la constitution ni en dehors de la constitution, qu'on n'a pas encore pu, à l'heure qu'il est, formuler officiellement un grief contre elle, soit pour excuser leur attentat, soit pour justifier leurs intentions. Que de griefs, au contraire, ne pourrait-elle préciser contre ceux qui l'attaquent, contre ceux qui ont enfreint les lois et qui agissent contre le peuple qu'ils flattent et qu'ils méprisent!

Nous ne connaissons pas de roi dont les actes publics révèlent un plus noble cœur et des sentiments plus généreux.

Qualités personnelles d'Isabelle II.

Qu'on examine la vie d'Isabelle II, et l'on verra constamment que lorsqu'elle fait usage de son initiative, si elle obéit à ses propres impulsions sa bonté est telle, qu'elle dépasse les moyens extraordinaires dont elle dispose. Son âme, source pure d'abnégation et de désintéressement, éprouve un doux plaisir à faire le bien. Elle ne connaît pas la haine, elle n'est pas cruelle; ses ministres disent qu'elle n'a pas la mémoire des offenses, que son désir de pardonner est si vif, qu'elle n'est jamais plus heureuse que lorsqu'elle peut être miséricordieuse.

Pas une seule des personnes qui fréquentent la Reine ne raconte qu'elle ait des accès de colère ou qu'elle obéisse jamais aux mouvements désordonnés de l'emportement. Elle est affable, polie avec tout le monde, et nous avons tous vu que lorsqu'elle met de côté l'étiquette royale pour venir se mêler à la foule, l'expression riante de son visage manifeste la satisfaction qu'elle éprouve en prenant part aux modestes amusements de son peuple bien-aimé.

Quant à la générosité, on peut dire que c'est la vertu qui la caractérise. Personne n'ignore que les colléges sont peuplés de pensionnaires dont elle paye les dépenses; que son plus grand plaisir, en voyage, est de secourir l'indigent et le nécessiteux; que la joie inonde son cœur quand il lui est donné d'accorder de riches dots aux filles de quelque haut fonctionnaire. Jamais le malheur ne s'est adressé en vain à son inépuisable charité, et il n'y a pas de fête qu'elle ne célèbre en décrétant quelques secours pour le soulagement de l'indigence.

Ce que nous disons est tellement vrai, que les séditieux eux-mêmes n'ont pas osé le démentir. De même qu'on n'avait pas osé accuser la Reine d'être inconstitutionnelle, personne n'a dit que, comme femme, elle soit avare ou orgueilleuse, vindicative ou insensible devant l'infortune. Et notez que le rang, l'éducation, et les flatteries qu'elle recevait de ceux qui étaient alors les dépositaires de sa confiance et qui l'insultent aujourd'hui, pouvaient en quelque sorte rendre excusables chez la reine ces défauts de sentiment ou de caractère.

La révolution a enfreint la loi universelle de la dignité humaine.

Mais la révolution triompha et il fallut trouver un motif sur lequel elle pût appuyer son injustice. N'en ayant pas trouvé qui fût connu, elle en a cherché un secret, sans s'arrêter devant l'honneur offensé, ni devant la pudeur scandalisée. En vérité, on ne dirait pas que nous sommes en plein dix-neuvième siècle! Comme une juste satisfaction envers l'humanité, l'inquisition a été abolie. Depuis ce moment, l'homme s'est cru le maître de son foyer, et Dieu seul est devenu le juge de sa conscience. La civilisation se glorifiait d'avoir élevé une barrière au seuil de chaque maison pour protéger les droits et la dignité de la famille. C'était la grande conquête des temps modernes. Mais, qu'importe? dit la révolution égarée, abattons ce mur sacré! Le mur tomba, et les révolutionnaires, usant de ce qu'ils appellent *leur souveraineté* se livrèrent à la plus basse médisance.

On renonce à imiter la révolution par respect pour le pays.

Croyez-vous que votre manière d'agir soit noble? Pensez-vous qu'on puisse, sans inconvénient, suivre votre exemple, et qu'il nous soit permis de vous insulter au nom de la restauration, ainsi que vous l'avez fait au nom de la révolution, en attaquant l'honneur auquel les traits de la médisance et de la calomnie ont causé des blessures bien plus difficiles à guérir, par la simple raison qu'on ne peut point le défendre. Vous repoussez à coup sûr ce genre d'opposition politique, et l'indignation générale éclaterait avec une terrible explosion, si, pour vous arracher le pouvoir, nous faisions une perquisition dans votre foyer domestique, ce foyer sanctifié par le respect de tous les peuples de la terre.

Quand je veux attaquer, je le fais sur le terrain de la vie publique sans blesser jamais l'honneur. (FIGUERAS.)

Nous n'imiterons pas cette ignoble conduite, nous ne voulons pas, en usant de représailles, contribuer à étendre la barbarie avec ses effronteries et ses fureurs dans ce malheureux pays.

Que le ministre gouverne l'Etat; nous ne jetterons pas sa dignité à la médisance pour qu'elle lui serve d'immonde pâture, en dévoilant au public ses amertumes d'époux.

Que le général organise l'armée; nous ne publierons

pas, pour le discréditer, l'histoire des dilapidations, dont sa demeure est le théâtre. Que le député défende en tribun irréprochable les intérêts du peuple, nous n'étoufferons pas le bruit des applaudissements qu'il reçoit par le récit de ses vices et en dévoilant nos soupçons sur le mobile secret de sa conduite.

Diffamateurs d'Isabelle II, réjouissez-vous de notre silence ! mais vous pouvez, certes, mesurer par la satisfaction que vos femmes et vos filles éprouvent en se voyant à l'abri de nos railleries, combien est grande l'injustice que vous avez commise ou du moins tolérée en insultant la femme pour condamner la reine.

CHAPITRE II

Isabelle II considérée au point de vue constitutionnel.

La responsabilité ministérielle, c'est la garantie du peuple.

La théorie de la responsabilité ministérielle est une des bases capitales du système parlementaire, et dont l'esprit politique moderne doit à juste titre s'enorgueillir le plus. Elle sert de complément à l'importante doctrine de l'inviolabilité du monarque, et met en harmonie deux principes également nécessaires au progrès des nations : la sainteté de l'autorité et le devoir de l'autorité d'une part, et l'obligation à l'obéissance et le droit du sujet, d'une autre. La sainteté de l'autorité fait que le monarque soit le représentant de tout ce qu'il y a d'immuable et d'absolu dans la société. Le droit de l'autorité effective par la responsabilité ministérielle fait que les fautes et les illégalités commises par le pouvoir exécutif ne demeurent pas impunies, et que le monarque représente aussi les intérêts, les soins et les doctrines qui naissent, changent et se développent dans la légalité sous l'égide de l'activité humaine.

Toute espèce de progrès est possible avec la théorie de l'inviolabilité.

Avec le système représentatif ainsi considéré, on peut réaliser toutes les réformes, et on peut éviter toutes les catastrophes ; car si d'un côté on met à profit toutes les intelligences pour la confection des lois, ainsi que tous les caractères pour l'exécution de la souveraineté, d'un autre côté, celui au nom duquel la justice est rendue, le justicier du peuple par excellence, suivant l'expression d'un publiciste moderne, par la prérogative illimitée qu'il a, au point de vue légal, de choisir des conseillers, met un frein aux ambitions immodérées, donne satisfaction à celles qu'il croit fondées et légitimes, et établit, suivant son jugement suprême et sans appel, l'harmonie nécessaire entre les divers pouvoirs de l'Etat, et c'est à l'aide de cette harmonie que l'on constitue réellement un seul pouvoir public, et l'unité de la nation devient une vérité au milieu de tant d'opinions contraires, de tant d'exigences opposées, de tant d'efforts individuels qui s'agitent et qui luttent au sein de la société en formant le flux et le reflux incessant de la civilisation moderne.

L'indépendance du pouvoir exécutif met le Roi dans l'impossibilité de faire le mal.

L'excellence du système représentatif, pour atteindre ce résultat, est fondée sur une condition générale et indéclinable : la réciprocité de services et d'intérêts, et cette réciprocité, pour être solide et durable, a pour base deux grands sacrifices. Le monarque s'est dépouillé de son initiative toute-puissante en échange de l'irresponsabilité légale qu'il a obtenue; le citoyen, abstraction faite de son opinion, respecte l'usage du pouvoir royal en échange de la tranquillité qui en résulte pour la nation. Le roi ne peut rien sans l'autorisation du ministre ; le peuple est impuissant contre la prérogative du monarque.

Avec la limitation absolue et précise de la puissance royale, l'irresponsabilité du monarque vient d'une raison d'impeccabilité légale et positive, plutôt que d'une fiction conventionnelle.

La responsabilité est toujours en rapport avec l'extension du pouvoir, et celui du roi pour faire le mal par sa volonté isolée, étant nul, on conçoit son incul-

Le roi fait tout par ses ministres; tout ce qu'il fait porte la garantie de la responsabilité ministérielle.

pabilité, même dans le cas où il existerait une faute politique, pourvu qu'il ait agi d'après les conseils de ses ministres. Il peut se tromper, sans doute, en exerçant sa prérogative dans les deux cas politiques les plus importants : le choix des conseillers et l'option entre ceux-ci et les Cortès, quand ils ne sont pas d'accord ; mais aucune constitution du monde ne punit une pareille erreur, parce que d'abord il serait bien difficile de l'apprécier d'une manière exacte, et ensuite parce qu'il serait absurde de donner un juge à celui qui par son propre droit, conformément à la constitution, agit en qualité de magistrat suprême de l'État. Et remarquez que cet écart même ne reste pas en dehors des limites de la responsabilité, puisque les conseillers qui acceptent cette charge en opposition avec les Cortès assument celle qui pourrait en résulter.

Voici dans son essence la doctrine constitutionnelle professée par tous les partisans du système représentatif, appliquons-la avec la plus grande impartialité dans l'appréciation que nous allons faire de la grande catastrophe qui a ébranlé dans sa base la société espagnole.

Isabelle II et la révolution se trouvent face à face devant le grand jury des nations européennes. La révolution a-t-elle eu raison contre la Reine? Celle-ci a-t-elle raison contre la révolution qui l'a expulsée? Nous allons examiner cette question sans nous laisser éblouir par les bruyants attraits qui, d'ordinaire, accompagnent la victoire, et en repoussant les réserves que font généralement ceux qui craignent de contracter des engagements envers le malheur.

Nous avons sous les yeux les pièces du procès ; le

manifeste de Cadix, ceux qui ont été publiés depuis par ceux qui reçurent les honneurs du triomphe à la suite de la rencontre d'Alcolea, qui n'a pas été gagnée; les discours que les ministres ont adressés au peuple; les toasts des banquets; les préambules des décrets; les résolutions des juntes révolutionnaires; les propositions des clubs; les articles des journaux datés antérieurement et postérieurement au 21 septembre et les débats des Cortès constituantes. Nous avons quelque chose de plus : nous avons les feuilles clandestines répandues avec une si prodigieuse profusion du temps de la situation que l'on vient de renverser. Quels sont les griefs formulés contre la Reine dans tous ces documents si nombreux et si divers? Nous n'en trouvons pas : nous n'en apercevons pas un seul. On y parle quelquefois de la Reine comme femme; mais, nous le répétons, nous n'y trouvons aucune véritable accusation constitutionnelle. Toutes ces pages sont consacrées à pousser des plaintes plus ou moins acerbes contre ce qu'on appelle *la réaction*, à décrire avec des couleurs plus ou moins vives, les malheurs dont souffre la patrie, à énumérer d'une manière plus ou moins prolixe les services de l'administration et les abus de ceux qui gouvernent.

Il n'existe aucune accusation contre la Reine.

Nous n'avons pas l'intention de discuter ces questions. Ce qui entre dans nos vues, c'est de donner entièrement raison aux partis d'opposition, c'est de ne détruire aucun de leurs arguments. Cette importante concession une fois faite, nous demandons d'après les articles précis de la constitution, suivant l'esprit substantiel du régime représentatif : la responsabilité de ces vices et de ces abus à qui incombe-t-elle? Qui doit légalement et moralement répondre de la situation actuelle de l'Espagne, qui est plus près de la barbarie africaine que de la civilisation européenne?

Il serait absurde d'accuser celui que le pouvoir exécutif prive de toute action personnelle.

Les gens fautifs sont nombreux, la responsabilité retombe sur les ministres ; nous n'atténuerons pas la part qui revient à chacun de ceux qui l'ont été depuis l'établissement du système parlementaire en Espagne, car nous ne voyons pas de raison légale pour que les traits empoisonnés lancés par la révolution aillent, en passant au-dessus de leurs têtes, frapper la couronne de celle qui, déchirée par la douleur, voyait les misères et les passions qui s'agitaient à ses pieds et se faisaient un jeu des destinées de la patrie.

Nous ne pouvons pas même par supposition admettre la responsabilité légale de la Reine, sans que la révolution se déclare l'auteur du scandale constitutionnel, plus encore, de la grande absurdité juridique qui consiste à condamner Sa Majesté, sans avoir appelé à la barre ceux qui peuvent l'avoir poussée au mal, ceux qui n'ont pas cherché, avec toute leur sollicitude, à la mettre sur la voie des réformes utiles.

La Reine a toujours été propice à la réforme.

Cependant Isabelle II aurait à répondre devant l'opinion publique et devant l'histoire, non pas d'un délit, mais d'une faute politique, si elle avait systématiquement repoussé un projet de loi réclamé par le pays, considéré par la presse comme étant d'une haute utilité, discuté et adopté par les Cortès. Cela est-il arrivé? Jamais ! Elle n'a pas refusé une seule fois de sanctionner une loi dont l'importance administrative ou économique lui avait été présentée par les ministres.

Si elle avait insisté pour faire adopter une mesure portant préjudice au pays, repoussée par le corps législatif, et désapprouvée par le cabinet, au risque de perdre la confiance royale, elle se trouverait aussi dans le cas de responsabilité morale. Une chose pareille a-t-elle jamais eu lieu ? Nous répondons carrément, non. Aucun ministre n'a donné sa démission parce que Sa Majesté avait repoussé un plan de réforme salutaire pour l'État, et personne ne citera point un seul cas où la Reine ait fait usage de son pouvoir royal en dépit ou contre la volonté des ministres. Elle peut leur avoir indiqué quelquefois une politique plus ou moins convenable, ce qui est permis. Mais son initiative s'est toujours résolue de l'une de ces deux manières : ou les ministres se sont opposés, et la Reine a cédé, ce qui faisait disparaître la responsabilité de tous ; ou bien la Reine a triomphé en convainquant ses ministres qui se sont rangés à son avis, et c'est là le cas prévu par la constitution pour exiger d'eux la responsabilité qui leur incombe.

Puisqu'il y a des exceptions d'inviolabilité, qu'il y en ait aussi de passibilité.

Dans le cas seulement où les ministres seraient responsables devant le monarque, celui-ci serait responsable devant le peuple ; mais ceux qu'on appelle des *libéraux* — et je nie qu'ils le soient — repoussent cette doctrine césarienne pour éviter l'arbitraire royal, et ils proclament la maxime suivante comme étant une maxime fondamentale : *Le roi règne et ne gouverne pas*. Puisque par ce moyen son action dans l'administration de l'État devient neutre, il serait absurde de le punir pour une action indépendante du pouvoir exécutif.

Les minorités qui veulent s'imposer sont séditieuses.

Sur quel principe d'équité ou de justice est donc fondé l'arrêt de proscription prononcé contre la Reine ? C'est sans doute parce qu'elle n'a pas suivi les conseils de ceux qui la vilipendent aujourd'hui. Certes, mais quand a-t-elle fermé l'oreille à leurs conseils? Quand ils étaient de l'opposition, mais non quand ils étaient le gouvernement. Et sur quelle loi, sur quel prétexte de convenance peuvent-ils s'appuyer pour soutenir que les minorités, tant qu'elles le sont, doivent être écoutées de préférence aux majorités? Comment peut-on justifier la sédition par une raison comme celle-là, lorsque plusieurs des perturbateurs avaient mérité maintes fois et pendant longtemps la confiance royale?

En admettant l'arbitraire de la minorité contre le gouvernement on admet également l'arbitraire d'un seul homme contre la minorité.

Une fois le principe admis, il faut, logiquement parlant, accepter ses conséquences.

Si le régime constitutionnel est de votre goût, vous êtes obligés de reconnaître la prépondérance législative des majorités. Ne vous y soumettez pas, soit parce qu'elles vous sont contraires, ou parce que dans votre opinion elles sont fictives, et vous proclamez ainsi le droit d'insurrection contre vos intérêts; le droit d'insurrection dans ce qu'il a de plus répugnant et de plus nuisible pour les peuples; le droit d'insurrection au nom de l'odieux égoïsme particulier et de la misérable ambition des partis, mais pas au nom de l'idée qui doit sauver la société, puisque naguère, quand vous étiez au pouvoir, vous ne l'avez pas énoncée; et même à présent, après avoir remporté la victoire vous ne l'avez pas arborée non plus.

Détruire les lois sous prétexte de faire le bien, c'est se priver de leur protection contre les oppositions tumultueuses.

Les insurgés parlaient d'économie et de tranquillité publique, de la sûreté du citoyen et du respect des lois; c'était un prétexte! Ils sont maintenant tout-puissants, et nous n'avons ni sûreté, ni liberté, ni tranquillité, ni économies. Sa Majesté n'a pas remis le pouvoir à l'opposition, conformément à la doctrine, et les mécontents ont cherché, les armes à la main, la satisfaction de leurs désirs. Voulaient-ils la réforme économique et administrative? Non, et c'est pour cela qu'ils ont renoncé à discuter, abandonnant en même temps le terrain de la légalité. Le pouvoir ! rien que le pouvoir ! et c'est pour y arriver qu'ils ont lutté contre ce qu'ils croyaient être un obstacle pour atteindre le but qu'ils s'étaient proposé. Ils ne se sont pas arrêtés devant la prérogative royale, et en détruisant celle-ci, leurs vivats et leurs acclamations ont retenti dans le cœur des hommes paisibles comme le triste écho des funérailles du droit.

Voilà la vérité ; et si vous avez le courage de la nier, une seule question suffira pour vous convaincre, nous ne dirons pas pour vous faire avouer que vous êtes repentants.

Lorsque pour triompher on a recours à la rébellion, les révoltés accordent contre eux aux mécontents les mêmes droits qu'ils se sont arrogés contre le pouvoir.

Croyez-vous votre œuvre digne d'éloges? Si votre réponse est négative, vous êtes condamnés par vous-mêmes ; si elle est affirmative et si vous soutenez que vos épées n'ont pas déchiré d'une manière sacrilége le livre saint de vos devoirs, il faut faire de votre opinion une doctrine, et que votre manière d'agir, héros d'Alcolea, devienne la règle de conduite de tous les Espagnols. Acceptez-vous cet honneur? Que vos cœurs tressaillent de joie,... vous avez déjà des imitateurs ! Au nom de vos intérêts et de vos croyances vous avez crié : « A la porte la Reine ! A bas les Bourbons ! » D'autres, au nom de leurs intérêts et de leurs croyances, ourdissent des plans sanguinaires et destructeurs à Cadix, à Malaga, à Barcelone, partout.

En appliquant une fausse théorie, il est impossible de se mettre à l'abri de ses mauvaises conséquences.

Malheureux ! l'odeur du sang nous étouffe. L'unité de la foi en l'autorité politique étant brisée, tremblons tous devant les conséquences de la liberté d'action du protestantisme politique. Écoutez : La famille royale a été chassée ; l'antique race des Aristogiton frappe aux portes, impatiente de fouler le sol de la patrie. Ne la voyez-vous pas ? Son sceptre est un poignard, son trône c'est l'échafaud !

La souveraineté du peuple est limitée par la loi, comme la loi est limitée par la justice.

Quelques révolutionnaires ont allégué une raison pour excuser leur parjure ; c'est qu'une partie du peuple était de leur côté. Non, pas le peuple ! car il repoussa la révolution la veille par crainte, et aujourd'hui il l'abhorre à cause de ses excès. En leur accordant même qu'une partie du peuple se soit trouvée à Alcolea, cela n'aurait été qu'un fait révolutionnaire et non une cause de légitimité révolutionnaire. Et sans discuter le fait qui peut n'être qu'accidentel et passager, puisque un mouvement politique détruit l'effet produit par un autre mouvement de même nature, nous devons déclarer que ni la nation ni l'univers entier n'ont le pouvoir d'empêcher d'être le droit et la loi, ce que du haut des cieux Dieu a appelé *loi* et *droit*.

CHAPITRE III

La Reine devant la raison et devant les partis.

Non, le peuple ne se trouvait pas avec la révolution; le peuple a été simple spectateur du soulèvement. Il y a plus, le peuple ignorait que les insurgés eussent l'intention de jeter au vent, après l'avoir mis en lambeaux, le manteau de pourpre des rois. Si le manifeste de Cadix eût été la condamnation de la dynastie bourbonnienne au lieu d'être un cri de dépit arraché par la réforme de la marine, un grand nombre de ceux qui sont restés indifférents et de ceux qui se sont montrés bienveillants pour les conjurés, les auraient combattus, poussés par la crainte des malheurs qui se sont réalisés et qui grandissent à chaque heure.

Ce n'est pas la révolution par l'idée, c'est la rébellion par la vengeance.

Il y a plus, le peuple, qui vivait surexcité par les partis d'opposition et qui souhaitait vivement l'adoption de mesures qui pussent améliorer l'état des finances et vivifier les branches de la production, abandonnées par la prédilection imméritée que l'on a pour la politique, ne songea jamais à exiger du coupable, du vrai coupable, la responsabilité de ses malheurs. Pourquoi? Parce qu'il se serait trouvé dans la nécessité de rendre contre lui-même le plus terrible des jugements.

La cause du mal est principalement économique et pas politique.

Le peuple, dans la plus large acception du mot, se compose de tous les citoyens qui sont au-dessous des marches du trône; il n'y a qu'à bien méditer cette question pour acquérir la conviction qui suit: Si la ra-

Le remède est dans l'administration et non dans la réforme politique.

cine du mal se trouvait dans l'institution de la monarchie, ou dans le monarque, il serait bien facile de l'extirper. Si cela était, le remède serait tout trouvé, puisque nous vivons sans monarchie et sans monarque; mais, hélas! la situation du pays devient de jour en jour plus déplorable. Malheureusement, c'est dans le cœur de la majorité des citoyens que l'on trouve la racine de cet arbre funeste, dont les fruits sont un poison mortel, car il prend sa séve et sa vigueur dans nos propres passions.

La responsabilité du mal retombe sur les ministres; la faute retombe sur tout le monde.

La proscription dynastique apparaîtra d'autant plus injuste, et tous ceux qui, comme nous, ont traversé les régions de l'administration, et même soutenu et loué quelques-unes des situations passées, seront d'autant plus blâmables que le désordre sera plus grand, et que la politique suivie depuis que nous avons le régime représentatif aura été plus mauvaise. Ne cherchons pas à nous tromper nous-mêmes en accusant les autres, comme si par ce moyen il nous était possible d'être dégagés de toute faute. Illusion! illusion née du fatal orgueil qui nous domine! La ruine de l'Espagne est l'œuvre de tous, nous ne dirons pourtant pas de tous au même degré. C'est l'œuvre du ministre qui a eu le malheur de ne pas réaliser ses résolutions, exposées dans l'opposition, et pour lesquelles il fut appelé par la couronne pour faire partie du son conseil; du Corps législatif qui n'a pas présenté un projet de réforme salutaire, en faisant, avec courage et intelligence, usage de son précieux droit d'initiative; de l'électeur qui a donné son vote, envisageant sa convenance plutôt que les qualités du candidat; d'une partie de l'armée qui s'est laissé égarer quelquefois par les ambitieux, et qui s'est convertie en instrument pour servir des plans de perfidie ; de l'aristocratie, qui a consenti à perdre l'importance de sa position sociale et qui, par un blâmable abandon, a laissé prédominer l'influence de ceux qui ne possédaient pas autant de moyens qu'elle pour s'instruire et s'élever.

L'Espagne est évidemment couverte de blessures mortelles et sur le point de périr, épuisée qu'elle est par la perte du plus pur de son sang ; mais l'on peut bien s'écrier en voyant son visage livide :

Vous y avez tous trempé vos mains !

Combien y en a-t-il qui puissent avec raison se considérer innocents ? Combien sont-ils, ceux qui, mettant la main sur leur conscience, pourront jurer d'avoir mieux rempli leurs devoirs que la Reine détrônée, Isabelle II ?

Les ministres honnêtes couvrent la Reine et répondent de ses faits.

C'est avec intention que nous avons généralisé le reproche, afin que cette défense de l'institution irresponsable ne devienne pas le panégyrique d'un homme sur les autres, et en même temps pour que l'on ne croie pas que, dans ces moments de malheur pour la Reine, nous puissions avoir l'idée de repousser la responsabilité qui revient à nos amis, qui sont tous disposés, et c'est leur devoir, à couvrir avec elle l'institution monarchique et la personne du monarque. Devant le fait incontesté du malaise de l'Espagne, nous ne ferons qu'une seule distinction, elle est réclamée par la justice et n'est pas contraire à nos vues. Le fait général de la responsabilité de tous les ministres étant admis, on peut établir des différences entre eux ; les uns n'ont pas sauvé les intérêts compromis parce qu'ils n'ont pas voulu ; d'autres, parce que, le voulant, ils n'ont pas su, et d'autres parce que, tout en voulant les sauver, et sachant s'y prendre, n'ont pas pu le faire. Pas un seul ne repoussera cette classification, et comme le second cas est celui qui s'applique au plus grand nombre, ils croiront tous, à coup sûr, devoir être compris dans le troisième. Or, le fait étant certain, nous supposons qu'il le soit, nous n'avons aucun intérêt à le nier, il en résulte une déduction naturelle : la source du mal qui nous afflige ne réside pas exclusivement dans la sphère du pouvoir exécutif.

Sans la digue du trône chaque ambitieux aurait été un tyran.

Tous les ministres répondaient, et les ministres actuels eux-mêmes répondent, quand on leur demandait des réformes administratives et économiques : « Nous ne pouvons rien faire, parce que les députés et les sénateurs nous assiégent de leurs demandes. » Les députés répondaient, et bon nombre des députés actuels répondent, quand on leur demande de l'indépendance dans les votes : « Nous ne pouvons rien faire, parce que nous sommes liés à la volonté du gouvernement par les recommandations en faveur de nos commettants. » Quelques partis se plaignaient de l'abus que d'autres faisaient de la force publique, et ceux-ci déploraient la nécessité de l'employer pour empêcher la rébellion de ceux-là, et tous, en même temps qu'ils se croyaient exempts de devoirs, exagéraient avec fureur les fautes de l'ennemi, afin d'exciter sa rigueur, et de lancer contre lui, en les exaspérant, les colères populaires. On ne voyait un certain calme que dans les régions du palais, au milieu de ce bouillonnement empoisonné par la cupidité et l'indignité ; par la cupidité du simple citoyen qui se rendait inutile pour les travaux féconds en cherchant les moyens d'arriver aux positions officielles; par l'indignité de celui qui, après y être parvenu en se servant de la politique, jugeait que pour s'y maintenir ou s'élever l'ingratitude et la trahison lui étaient permises.

Devoirs de la Reine.

Les devoirs de la Reine envers le monde politique se réduisent à deux, et elle les a remplis, malgré son sexe, mieux que ne l'auraient fait la plupart de ses détracteurs. L'un de ces devoirs consiste à n'exclure de sa confiance, par une haine imméritée, aucun homme public; l'autre consiste à prendre pour conseiller le plus capable par son prestige et par ses idées. Voyons quelle a été sa conduite à l'égard de ces deux points.

Les faits prouvent d'une manière évidente qu'elle n'a jamais agi par esprit d'exclusion. Depuis 1843 il n'y a pas un homme de quelque réputation qui n'ait pas reçu d'une manière ou d'une autre quelque preuve de son estime royale.

En rendant effectif ce qu'ils croient être leur droit de commander, les partis révolutionnaires ont violé toutes les lois en une seule.

Les chefs de la révolution peuvent-ils se plaindre de ce que la Reine les ait regardés avec dédain ou mépris, ou de ce qu'elle ait manifesté des préférences pour leurs adversaires?

Prim, Serrano, Topete peuvent bien attester si la Reine a refusé de signer les grâces sans nombre que ses ministres lui ont proposées pour eux. Que les progressistes viennent nous dire si elle a refusé sa signature pour leur permettre d'entrer au Sénat, si elle a manifesté pour l'un d'eux le moindre éloignement persistant et délibéré. Il est certain que le parti progressiste a trouvé l'entrée au pouvoir plus difficile que les différentes fractions conservatrices; mais ce n'est pas la faute de la Reine; c'est sa faute à lui, puisque au lieu d'attaquer ses adversaires en s'appelant sagement, comme dans la libre Angleterre, *opposition de Sa Majesté*, il luttait contre elle-même en rabaissant l'instituiton au niveau de ses jalousies personnelles ou de ses plaintes de parti ; c'est peut-être aussi la faute de ses nouveaux alliés, qui par d'acerbes récriminations ont influé contre lui dans l'esprit de la Reine, ou lui ont enlevé avec un bruit inusité le gouvernail qu'il était parvenu à saisir en le disant incapable et dangereux pour la bonne direction de l'État.

Le respect des lois est plus important pour la nation que la grandeur des partis.

Quant à l'union libérale, elle ne pourra pas dire que Sa Majesté l'a repoussée par aversion à l'égard de ses membres ou par une opposition systématique envers ses doctrines. L'union libérale a été à la tête du gouvernement tant qu'elle a pu s'y maintenir, et ses chefs ont conservé d'une manière absolue la confiance de la Reine.

La Reine ne se doit à aucun parti ; tous les partis monarchiques se doivent à l'institution.

Ce qui est clair comme le jour, c'est que la Reine montrait dans les moments de crise et de danger un très-vif désir de conciliation et un esprit d'impartialité d'autant plus rare et méritoire, que la rivalité et l'animosité de la plupart de ceux qui se disputaient le commandement étaient plus grandes. Il est également hors de doute que le parti de l'union libérale et le parti progressiste n'ont jamais défendu avec sincérité le régime représentatif, et que ce n'est pas le respect des lois ou la prospérité de la patrie qui étaient le mobile de leurs actes ou l'idéal pour lequel ils faisaient leurs sacrifices tant prônés. Les uns en louant la Reine sans réserve quand elle les appelait dans ses conseils, ou qu'elle leur dispensait ses faveurs ; d'autres s'agitant comme des furies contre l'usage de sa prérogative, quand leurs ennemis étaient bien accueillis, ont prouvé que le constitutionalisme qu'ils affichaient n'était qu'un manteau trompeur dont ils se paraient pour obtenir la préférence et jouir ensuite sans interruption des douceurs du commandement.

Si les partis qui accusent la Reine avaient voulu remplir leur devoir envers la patrie, si les hommes publics qui la condamnent avaient eu du dévouement et préféré l'honneur à cette soif immodérée de domination qui les entraîne, ils n'auraient jamais formé un ministère sans imposer la condition de leurs doctrines, ils n'auraient jamais recherché le pouvoir en suivant d'autres voies que celles qui sont tracées par les lois. Au lieu d'agir ainsi, ils avaient toujours recours, dans l'impatience de leur ambition, à de basses intrigues et à de monstrueuses coalitions, sans épargner aucun moyen, quelque indigne qu'il pût être, voire même ceux qu'ils avaient réprouvés chez leurs adversaires, supposant, avec ou sans raison, qu'ils les employaient pour pousser la reine à s'écarter des pratiques appelées *parlementaires*. Ils les oubliaient aisément pour solliciter auprès de la Reine la chute de leurs rivaux, et ils les enfreignaient sans aucune considération pour empêcher ceux-ci d'être choisis par la couronne.

D'après le républicain Aristide, le salut de l'Etat même ne doit pas être racheté par l'illégalité et la perfidie.

Quelle différence de conduite et de sentiments ! Le parti de l'union libérale et le parti progressiste, d'après ce qu'on a vu, voulaient avoir sur le trône le chef d'une faction ; Isabelle II, agissant avec sagesse et avec un jugement élevé, a voulu être la Reine des Espagnols ; ceux qui s'appelant *monarchiques* et *amis de l'ordre* se sont soulevés contre Sa Majesté, nourrissaient la folle prétention de la mettre en tutelle pour l'avoir soumise à leurs desseins ; la Reine n'a pas voulu

On a voulu créer une puissance de la tribune contre le monarque.

autoriser et protéger une dictature qui sapait dans sa base le système représentatif. Les tyrans, au nom de la liberté, prétendirent asservir la volonté de la Reine; Isabelle II a empêché que le sceptre ne fût avili en le mettant à la merci d'une oligarchie présomptueuse, incapable et sans foi. Voilà la véritable cause de son exil.

M. le ministre d'Etat a écrit une circulaire aux puissances étrangères dans laquelle on disait une chose qu'on ne devait pas dire : la révolution qui avait éclaté était attribuée dans ce document à la vie privée de la Reine. Nous ne pouvons ni ne devons dire cela. (CASTELAR.)

Le seul parti qui ait été logique en conspirant contre le trône, c'est le parti républicain. Il a attaqué le monarque parce qu'il est l'ennemi de la monarchie, et non parce qu'il le croyait responsable, d'après la constitution jurée, des fautes politiques qui avaient été commises, et encore moins à cause des défauts privés qui lui ont été attribués. C'est ce que M. Castelar a déclaré avec une noble franchise dans la séance du 22 février. Ils agissent par conviction, et, sans partager leurs idées, leur conduite ne nous scandalise pas. La conduite qui nous scandalise, c'est celle de ceux qui auraient défendu l'irresponsabilité de la Reine en échange du commandement; de ceux qui n'ont jamais indiqué à Sa Majesté, ou compris d'autre solution que celle qui consistait à monter au pouvoir ou à s'y maintenir à tout prix. Ce qui scandalise, c'est de penser que la Reine aurait pu séduire ces ennemis de l'inviolabilité en leur livrant le ministère.

La Reine a suivi l'esprit de la majorité légale : autrement celle-ci aurait émis un vote de censure contre le ministère.

Elle ne l'a pas livré, et c'est ici qu'il convient d'examiner si la Reine a rempli son devoir à l'égard de la nomination des ministres indiqués par l'opinion. La question est très-importante et fort délicate, cependant nous allons l'aborder résolûment, pour que l'on voie que sur aucun terrain nous ne redoutons le débat avec les partis révolutionnaires.

Dans la question que nous allons examiner et qui est relative au succès de Sa Majesté dans le choix des conseillers, il faut distingner deux choses : l'intention et le résultat. Son intention a-t-elle été droite ? Dieu seul le sait : n'empiétons pas sur ses droits. L'homme, quand il s'agit de l'intention, ne peut juger que par conjecture, et notre croyance est que l'intention d'Isabelle II a été saine et bonne. Quel intérêt pouvait-elle avoir à faire intentionnellement un mauvais usage de sa prérogative en se décidant volontairement et sciemment pour l'erreur ?

L'erreur dans le choix ne peut pas être considérée comme une faute politique.

La question est différente, si l'on veut juger par le résultat, la réussite de la prérogative royale. La Reine a-t-elle toujours eu la main heureuse dans le choix de ses conseillers ? Nous osons répondre sans craindre d'être accusés d'irrévérence, que sur ce point Sa Majesté s'est souvent trompée : l'état d'inquiétude, de misère et d'incertitude où se trouve l'Espagne en est la preuve, et si celle-ci ne suffit pas, si l'on en veut une autre, nous dirons qu'à l'heure qu'il est, la Reine ne peut pas contempler le beau rayon de soleil qui éclaire la demeure qui l'a vue naître.

Oui, Sa Majesté s'est trompée, mais notez bien, et ne l'oubliez pas, car c'est un point important, que cela n'a pas dépendu d'elle, mais bien de ceux qu'elle a nommés.

Le juge du Roi, c'est sa conscience ; les Cortès sont le juge du ministre.

Sensible aux malheurs qui pesaient sur son peuple, elle y a cherché un remède en suivant la marche unique qu'elle pouvait suivre, c'est-à-dire en accordant sa confiance à ceux qui prétendaient avoir le secret pour développer la prospérité publique. Or, et c'est là le côté grave, si le mal a fait des progrès, faut-il imputer l'insuccès du choix à celui qui estimait les hommes d'après leurs solennelles protestations de patriotisme, ou à ceux qui, ayant obtenu la confiance royale, ne répondaient pas à leurs promesses et à leurs antécédents? Il est hors de doute, et nul ne peut soutenir le contraire en s'appuyant sur des raisons de quelque valeur, que l'insuccès n'est pas imputable à celui qui a fait le choix, mais à celui qui, pour être choisi, a feint de posséder des qualités et des vues qu'il n'avait pas. C'est pour cela qu'au lieu d'être accusée, la Reine peut, avec raison, dire aux personnes et aux partis qui sont aujourd'hui ses ennemis, et qui ont trompé ses espérances dans la région officielle : « Vous m'avez promis les uns de la liberté, d'autres du dévouement ; je vous ai appelés dans mon conseil. vous deviez tenir votre parole au profit de la nation... Qu'avez-vous fait?... Pauvre nation ! — Malheureuse Reine !... Vous nous avez trompées l'une et l'autre. » — Révolution insensée, c'est de cette façon que tu as raison contre la Reine d'Espagne, et qu'elle supporte sur la terre étrangère le poids énorme de nos autes, tandis que tu tolères et glorifies les principaux auteurs de tant de malheurs !

Être l'arbitre de son obéissance à l'autorité, c'est mettre la volonté au-dessus de la loi.

Il ne faut pas que quelques-uns, pour défendre leur honneur, viennent dire qu'ils se sont crus dégagés de tout compromis parce que, ayant prévenu du danger, ils n'ont pas été écoutés. Comment ! vous mesurez votre loyauté par l'efficacité de vos avis ? — S'il y avait du danger, qu'avez-vous fait pour le conjurer? Vous avez cherché à le rendre inévitable, en faisant appel à la sédition. — Eh quoi ! Pouvez-vous briser le lien de votre devoir envers la Reine, et ne pas renoncer à la faveur qu'elle vous a octroyée, dont vous étiez alors reconnaissant et dont vous jouissez aujourd'hui? Si elle a fait de vous des généraux, pourquoi n'arrachez-vous pas de vos uniformes les insignes de ce grade? Ne vous a-t-elle pas donné des titres? Pourquoi ne brisez-vous pas l'écusson qui s'étale au frontispice de vos palais?

Les grâces accordées aux révolutionnaires sont supérieures à leurs services.

Peut-être direz-vous que ces hautes positions ne sont que la juste récompense des services que vous avez rendus à la patrie. — Ah! elle ne serait pas tombée si bas, si tous ceux qui méconnaissent la générosité, pour mieux se débarrasser de la reconnaissance, lui avaient prêté des services proportionnés à la récompense reçue. Que chaque révolutionnaire, naguère serviteur de la Reine, consulte sa conscience avant de lui mettre la main sur la joue, et qu'il dise si ce n'est qu'à une stricte justice qu'ils doivent leur élévation, et si la munificence royale n'y a pas eu sa part.

Ce qui ne peut pas se tenir dans la loi est contraire à l'intérêt du peuple.

Mais faisons encore une autre concession à nos adversaires. La reine n'a pas voulu les écouter, c'est convenu; elle n'a pas récompensé leurs services; elle leur a fermé les portes du pouvoir, croyant à tort que leurs doctrines étaient dangereuses. Avait-on pour cela le droit de se soulever contre elle et de la détrôner? Où donc ce droit est-il consigné? Certes, il y a au monde des panégyristes de la révolution contre les institutions; pourtant nous ne connaissons pas un seul homme d'Etat qui justifie les révolutions faites contre les personnes.

La souveraineté illimitée, c'est la concentration absolue de l'autorité dans l'association ou dans l'individu;

La souveraineté illimitée exercée par un parti contre la Reine, c'est la forme la plus odieuse du despotisme.

et comme elle est contraire à la liberté, parce que les droits de l'homme sont absorbés par l'omnipotence qu'elle implique, le peuple ne peut pas la conférer, car il n'est donné à personne de transmettre des droits plus étendus que ceux qu'il a ; le pouvoir illimité, que nul ne possède, ne peut être exercé par personne contre les institutions et en dehors des constitutions ; et lorsque quelques-uns en font usage pour attaquer ou détruire lesdites institutions, ils dégradent le peuple en se servant de son nom pour excuser leur dérèglement, et rendent impossible la responsabilité, car ce qui est absolu et indéterminé ne peut pas offrir de garantie. Ceux qui se sont soulevés contre la prérogative royale ont usurpé les pouvoirs publics, leurs attributions au pays, une délégation de la souveraineté toute-puissante contre l'État ; et comme l'usage de cette usurpation n'est autre chose que le despotisme, et que le despotisme s'est brisé contre l'invincible loi de la perfectibilité humaine, le souffle sacré qui emporta l'arbitraire du roi contre la personne, l'arbitraire du prêtre contre l'esprit, l'arbitraire du père contre la famille, l'arbitraire du tribun contre l'autorité suprême, l'emportera aussi dans sa dernière forme, qui est d'autant plus odieuse qu'elle est plus indéterminée ; l'arbitraire du parti contre les lois constitutives.

Il importe fort peu que, pour se maintenir dans la possession des droits usurpés, le parti soit disposé à combattre, comme les Goths, ayant à leurs côtés leurs enfants et leurs épouses ; les classes menacées sont plus nombreuses pour triompher, et la voix auguste du pays qui sort du fond de ses entrailles, demandant la sécurité pour être libre, et le respect des institutions pour que son sort ne soit pas à la merci des sinistres cabales de quelques mécontents, a plus de force que les hurlements du fanatisme.

La révolution sacrifie la Reine pour ne pas condamner ses détracteurs.

La Reine, c'est prouvé, est innocente, la Reine est le meilleur des Espagnols. Néanmoins, dans la révolution, elle a été le principal objet de l'animadversion des gens. Comment expliquer une si grande iniquité sans que la terre s'ouvre pour engloutir ces juges ingrats et endurcis? C'est que, de même qu'il y a dans le monde des victimes d'une erreur funeste, il y a aussi des victimes propitiatoires. Si c'est à ce titre que la révolution a choisi pour le sacrifice Isabelle II, parce qu'elle est la personne la plus auguste et la moins responsable des malheurs que nous déplorons, qu'elle offre son martyre au ciel, en holocauste de réparation, et que les larmes qu'elle répand apaisent les justes colères divines contre cette terre souillée par la présence de tant d'hypocrites et de traîtres.

Séchez vos larmes, Madame. Le chemin de l'amertume que vous parcourez en portant sur vous la croix de nos fautes est long; soyez supérieure aux rigueurs du destin! — Votre réhabilitation sera d'autant plus complète et d'autant plus glorieuse, que les coups du bourreau auront été plus rudes, et les injures de la foule égarée plus effrontées et plus injustes.

CHAPITRE IV

Usurpation et Restauration.

Après le long Parlement, la restauration des Stuarts; après la Convention et l'Empire, la restauration des Bourbons; après la Constituante, la restauration d'Isabelle II.

La restauration doit arriver. La stupeur produite par la chute du trône se maintient encore; néanmoins, dans l'opinion de la majorité du pays, il est indispensable qu'Isabelle II remette sur son front la couronne que le vent des passions lui a ravie. Il se trouve encore des personnes qui repoussent cette idée, et ce n'est pas parce qu'elle n'a pas moins d'inconvénients que les autres solutions projetées, mais c'est, d'après leur dire, pour éviter au pays l'inconséquence d'une contradiction dans une si grave affaire. Il ne peut pas y avoir de contradiction, et en voici la preuve, le cri de : « A bas les Bourbons ! » n'ayant été proféré par personne dans la première période de la rébellion; l'exil de la Reine a été plutôt souffert qu'accepté par de nombreux affiliés au nouvel ordre de choses. Quand ce jour, qui, à notre avis, n'est pas bien éloigné, sera arrivé, on verra avec quel enthousiasme ceux qui sont restés fidèles à la Reine, et ceux qui, n'ayant pas trouvé dans la situation actuelle les biens qu'on leur avait promis, sont revenus de leur erreur, ouvriront à la famille royale les portes de la patrie.

L'arbitraire révolutionnaire ne peut pas être l'état normal des peuples.

Le fameux *jamais* et l'*impossible* du général Prim sont le seul obstacle que trouve la restauration. Comment! le retour d'Isabelle II serait impossible, tandis que celui du général Prim, si souvent battu par ses adversaires sur le terrain de la force, et que pas un village n'a acclamé avant que le gouvernement constitué eût remis le commandement aux troupes soulevées, a pu s'effectuer ! Ce qu'il y a d'impossible, c'est la possibilité de l'impossible du ministre de la guerre.

Quelques mois à peine se sont écoulés depuis le triomphe de la révolution, et ses excès sont si nombreux, que ses chefs eux-mêmes les rapportent avec effroi. Si le parti progressiste ne sait pas gouverner d'une autre façon, les craintes que ses représentants et ses doctrines ont toujours inspirées étaient fondées. Un fanatisme exagéré et aveugle convertit les progressistes en apôtres ardents d'une divinité implacable, et ils exercent leur terrible ministère en exaltant les passions des masses irréfléchies. Ne leur demandez ni faveur ni tolérance, ils seraient dans le cas d'étouffer leurs propres convictions, de crainte d'être taxés de tièdes adhérents aux tourbes méfiantes et frénétiques.

A Barcelone, on a été forcé de faire des arrestations; à Ocaña, il y a eu un attentat politique, et dans une ville importante une émeute qui voulait empêcher de partir un bataillon allant au secours de Cuba a failli éclater., (SAGASTA.)

Voici la cause des bouleversements incessants qui accompagnent toujours la domination du parti progressiste. « Nous sommes en révolution, disent-ils pour excuser les crimes que l'on commet ; donnez-nous du temps, et vous verrez renaître la tranquillité. Erreur ! La révolution naît de vos doctrines, et votre conduite produit l'anarchie ; pensez ou bougez, la dévastation et la mort jailliront de vos cerveaux et marqueront la trace de vos pas : c'est pour cela que votre commmandement est si éphémère. Courageux pour détruire, vous manquez toujours de force pour fonder ; aussi prenez-vous dans l'opposition des allures de géants, et vous n'êtes que des pygmées quand vous

Lorsqu'un peuple est placé dans l'alternative de se suicider parce qu'il ne peut pas combattre contre une certaine classe d'ennemis, ou de commettre certains excès, il doit repousser le suicide. (Ruiz ZORILLA.)

S'il eût fallu suspendre les droits individuels pour ne pas arrêter la marche de la révolution, je l'aurais fait. (SAGASTA.)

arrivez au pouvoir, d'où vous êtes sans cesse précipités par les bourrasques que vous provoquez.

La révolution, c'est l'antithèse de la liberté et du progrès.

Il faut qu'il en soit ainsi. Le progrès, c'est la vie des nations, et il se réalise au point de vue politique, en mettant convenablement en rapport l'action de chaque individu avec l'action de la collectivité, pour que l'harmonie ne soit pas altérée par la juste réclamation de celui qui ne trouve pas d'appui dans la collectivité, ou par les plaintes de la majorité blessée dans ses intérêts ou dans ses croyances par l'action individuelle révoltée. Lorsque le monstre de la révolution s'empare d'un peuple et qu'il commence à nier le ciel au nom de la raison, et à condamner la tolérance pour que la liberté soit forcée, on dirait que la civilisation avec le poids de cent siècles gravite sur le gouvernement qui abolit la peine de mort pour ne pas punir ceux qui, de tous côtés, élèvent l'échaufaud, et il se dépouille du droit de réprimer pour que l'empire de la terreur soit encore plus absolu. Ah ! l'esprit de Dieu qui anime la société et veille sur son existence brisera le sceptre du monstre après lui avoir permis de le brandir un instant, en signe de châtiment ou pour servir de leçon ; et l'humanité, instruite par le dur fléau de l'expérience, continuera sa marche majestueuse, détruira l'iniquité et jettera au vent la poussière de ses œuvres, sans que les efforts désespérés de ceux qui veulent mettre à la place des lois éternelles de la justice les règles dictées par l'erreur ou l'égoïsme, puissent l'arrêter dans son chemin. Nous aurons bientôt inévitablement ce qu'on appelle *la réaction*, ce qui ne veut pas dire que la civilisation éprouvera un mouvement rétrograde, car elle sera l'ordre basé sur l'exécution de la loi, afin que le

Le gouvernement, en prenant le pouvoir, a ouvertement et publiquement violé les droits individuels qu'il avait proclamés. (FIGUERAS.)

progrès interrompu hier, en grande partie par le pessimisme des oppositions, et aujourd'hui paralysé par les excès de l'anarchie, devienne une vérité; elle sera en substance l'instinct de conservation du citoyen et de l'organisation gouvernementale pour défendre le faible contre les colères du méchant et les attaques de l'insolent. Il est inutile que, pour l'empêcher d'arriver, on vienne proclamer théoriquement des droits qui, dans la pratique, sont convertis en une espèce de monopole de liberté contre les suspects de désaffection. Tant qu'on transigera avec la révolution, qui est l'omnipotence momentanée du tribun et l'anéantissement de ceux qui ont été vaincus par la licence oppressive des fanatiques; tant que la démocratie se proclamera la sauvegarde de la justice, la fatale perturbation que nous déplorons continuera à étendre ses domaines jusqu'au point d'englober dans ses limites les vainqueurs eux-mêmes, en les soumettant à sa loi. La garantie de notre triomphe est là.

Il y a encore des juntes révolutionnaires qui n'ont pas justifié l'emploi des fonds dépensés. (FIGUEROLA.)

Ne voyez-vous pas ce qui se passe? Ne vous apercevez-vous pas de la manière dont s'accomplissent les préceptes rigides auxquels, dirait-on, Dieu a soumis ces grandes secousses appelées *révolutions*, qui ont couvert la terre de ruines et l'ont inondée de larmes? Celle de septembre est arrivée, en se montrant paisible; elle a même voulu prétendre qu'elle était animée de sentiments humanitaires et généreux. On a excusé les premiers excès qui furent commis; on avait cru naïvement qu'on n'en aurait pas d'autres à déplorer. Il en a été autrement; et à mesure que la révolution s'étendait, les excès sont allés en augmentant. La crainte devenant générale, tout le monde a perdu la

Le gouvernement provisoire est un gouvernement dictatorial, illégitime, illégal, qui a usurpé la souveraineté de la nation au profit d'un parti déterminé. (FIGUERAS.)

confiance; et pour consolider la situation on ne demande plus des garanties de respect pour le citoyen, mais bien la force pour l'adepte contre les garanties de ses rivaux. Ceux qui agissent ainsi, ne voient-ils pas que le jour où leurs projets s'accompliront, sera aussi le dernier de leur domination, parce qu'alors la révolution aura parcouru le cercle fatal de ses destinées?

Le gouvernement voudra sans doute avoir l'ordre, mais il craint les dangers de la sévérité qu'il faudra employer contre ceux qui l'altéreront.

Que peuvent-ils faire pour empêcher ce moment d'arriver? Comme le mal vient des doctrines, le seul remède c'est de les repousser, et il ne faut pas en chercher d'autre; la révolution n'a ni point de départ ni point d'arrêt, car la rivalité d'intérêts et la diversité d'opinions de ceux qui la défendent, lui ferment toutes les voies qu'elle pourrait suivre pour se diriger vers la prospérité et la tranquillité.

La révolution sera stérile parce qu'elle est essentiellement négative.

La révolution est un fait qui existe; si l'on veut qu'elle subsiste comme état normal, il faut l'organiser politiquement. Il est clair que la forme du gouvernement doit être la base de son existence. Or, on n'est pas d'accord sur ce point, et, le fût-on, la solution de la forme de gouvernement renfermerait la solution du problème de la permanence. Nous allons le prouver. La révolution, après s'être déclarée monarchique, peut faire immédiatement trois choses pour se constituer :

Prolonger l'état intérimaire actuel;

Nommer un triumvirat ou directoire;

Proclamer un roi.

Il est superflu de dire que la première ne pourrait satisfaire personne, en tant que solution, puisque c'est un ajournement de la solution.

La seconde ne serait que l'état intérimaire actuel avec des circonstances aggravantes. Quel est le respect que ces nouveaux magistrats suprêmes, nommés pour un temps bref et limité, peuvent inspirer, soit aux partis opposés, soit aux Cortès ?

Quant à la troisième, elle mérite un examen plus approfondi. Ou le choix a lieu par acclamation, ou il se fait au moyen du vote, et alors c'est presque un coup d'État qui aura contre lui les républicains et les monarchiques, partisans d'un autre roi ; l'élu sera considéré comme un usurpateur au sein de l'Assemblée, et malheur à lui ! On sait fort bien quel a été le sort de presque tous les usurpateurs. Le trône devenant pour eux un lieu de supplice, ils vivent tourmentés par les fantômes que les remords évoquent sur leur passage, ou ils meurent sous les coups des factions exaltées. Le choix d'une dynastie par le vote est une chose que la raison comprend à peine et qui n'a jamais été pratiquée.

Le seul et triste chemin que la révolution peut parcourir, c'est l'usurpation.

En effet, on ne conçoit pas que ceux qui manquent du prestige nécessaire pour conserver un portefeuille puissent désigner avec autorité un monarque ; on conçoit encore moins que l'on confie un joyau aussi précieux que l'est une couronne, à celui qui n'a d'autre titre pour régner qu'une majorité de quelques votes ; et ce que l'on conçoit moins encore, c'est que celui qui, à cause des circonstances inhérentes à son origine, doit être plutôt considéré comme le chef passionné d'un parti que comme le monarque impartial de tous les Espagnols, puisse tenir le sceptre avec sérénité. La nation ne peut ni confier son présent et son avenir à celui qui lui était encore inconnu hier, ni laisser monter sur le trône, après la chute d'une dynastie, celui dont la capacité et la gloire ne lui offrent pas les garanties

L'usurpation a été quelquefois la ressource des ambitieux ; jamais elle n'a été l'espoir d'une nation.

suffisantes pour conjurer de nouveaux conflits et lui épargner de grandes déceptions.

Les dynasties ne se choisissent pas, mais sont imposées.

En étudiant l'histoire, on voit que deux dynasties seulement ont été fondées par l'élection populaire ; celle d'Amri chez les Juifs, et celle de Dejocès chez les Mèdes ; et dans l'un et l'autre cas le choix est tombé sur des personnes douées de qualités supérieures et qui avaient rendu de si éminents services, que tout le monde comprit que si l'honneur accordé à l'élu avait été grand, le bien qui devait en résulter pour la nation le serait encore davantage.

La nation n'acclame aucune dynastie, et il n'y a pas de candidat qui ose s'imposer.

Est-ce que nous nous trouvons dans ce cas-là ? Quel est le candidat au trône désigné par l'opinion publique, nous ne dirons pas comme étant le meilleur, mais pas même comme étant digne de cet honneur par ses qualités, son patriotisme, son abnégation et son aptitude pour commander ? Les avantages que l'on attend de chacun d'eux sont si rares, et au contraire les inconvénients résultant de leur élection sont si nombreux, que pas un n'a pu résister à une discussion de quelques jours ; il y a plus, connaissant sans doute les inconvénients dont nous venons de parler, aucun n'a voulu accepter l'offre, pour ne pas servir de drapeau aux factions, et pour ne pas devenir le sujet de leurs railleries ou la victime de leur animosité. Un prince anglais, le prince de Carignan, le duc d'Aoste, D. Fernando de Portugal, le général Espartero, quelque Allemand par-ci par-là se sont tour à tour présentés et ont disparu comme des fantômes de futurs rois aux yeux de l'Espagne étonnée. Le duc de Montpensier est le seul qui persiste dans ses prétentions, malgré la répulsion que son nom inspire, et cette persistance prouve qu'il tient plus à la possession du trône, qu'il ne tient à acquérir les moyens qui l'en rendraient digne. C'est pour cette raison qu'il ne doit pas souiller par son contact l'hermine du manteau royal. — Est-il quelqu'un qui en doute ?

On a connu dans le monde à peu près trois cents dynasties, et elles sont toutes arrivées au trône par l'un de ces trois chemins :

Par la conquête, comme les rois catholiques en Amérique, et Napoléon en Europe ;

Par la succession héréditaire, comme les Capets en France et les Stuarts en Écosse ;

Par le protectorat des autres nations, comme la dynastie de Saxe-Cobourg en Belgique et celle de Wittelsbach en Grèce.

Une partie de la force des monarchies dépend du prestige de leur origine.

Ces trois manières d'arriver au trône représentent autant de légitimités : la légitimité de la gloire ou héroïque ; celle qui découle du droit reconnu et celle qui se fonde sur l'incontestable convenance d'un continent. A laquelle de ces trois légitimités le duc de Montpensier, ou tout autre candidat, pense-t-il devoir la couronne, l'élection étant un moyen impraticable ? — A la première ? Le génie conquérant et les moyens d'arriver à la conquête manquent absolument. — A la seconde ? — C'est impossible, la protestation de Pau est là. — A la troisième ? Que le duc de Montpensier dise si l'empire français appuie sa candidature ; que les fiers Castillans disent s'ils se trouvent déjà dans le cas d'accepter un protectorat étranger en faveur de leur roi.

Ces deux chemins étant fermés, il ne reste que deux moyens d'arriver au trône vacant : le moyen sanglant à

L'usurpation est un crime qui attire le malheur sur les peuples.

la Macbeth, que tous les candidats, nous leur rendons cette justice, repousseront unanimement ; et le moyen vénal à la façon de Didio Juliano, qu'à coup sûr la dignité de notre race ne souffrirait pas.

Après avoir émis cette croyance, qui, à notre avis, est bien fondée, nous allons faire une supposition. Supposons que l'un d'eux parvienne à son but en rendant effective l'usurpation désirée. Quel en sera le résultat? Que les Espagnols fassent bien attention à ceci !

Beaucoup de dynasties sont arrivées à ceindre la couronne en employant la violence, la subornation et le meurtre; mais il est presque sans exemple que les usurpateurs aient joui tranquillement du fruit de leur crime, et que les nations n'aient pas éprouvé de grands bouleversements en expiation de leur concours ou de leur tolérance.

Les usurpateurs sont toujours des victimes ou des tyrans.

Il devait en être ainsi ; car celui qui foule à ce point la justice se souciera bien peu de respecter les droits de ses sujets s'ils gênent ses desseins, et la nation, en voyant gravée sur son front la trace infâme de son origine, n'aura pour lui aucun respect.

Ce n'est pas là une simple supposition, c'est la voix de l'humanité qui résonne perpétuellement dans le sein de l'histoire. Nous allons la consulter et en tirer quelques exemples.

Qui tue par l'épée périra par l'épée.

Jason, usurpateur du trône de Lycophron, en Thessalie, meurt victime d'une inique conjuration ; Polyphron assassine son frère Polydore pour succéder à Jason, et peu de temps après Alexandre poignarde l'usurpateur pour lui enlever la couronne. Est-ce qu'Alexandre la porta tranquillement ? Il l'essaya vainement, en s'entourant de gardes et se cachant aux yeux du peuple. Son épouse même, Thébé, qu'il aimait, venge Polyphron, en lui donnant la mort dans le lit pendant qu'il dormait dans ses bras. — Et après? Les usurpateurs et les crimes par eux commis furent si nombreux, que la nation se crut sauvée en se soumettant au joug de la Macédoine.

Eacès usurpe le trône de Samos. Ses propres fils lui font endurer la loi de l'expiation en se conjurant contre lui, et ils éprouvent à leur tour le même sort que leur père. Un des parricides est condamné à mort, un autre exilé par Polycrate, et ce fratricide perd enfin la vie et le trône qu'il avait usurpé et qu'il laisse aux mains d'un satrape du roi de Perse. — Et après? La nation finit, déchirée par les Lacédémoniens et les Athéniens.

Avançons un peu. Quelques temps après la fondation de Rome, Ancus Marcius usurpe le trône de Tullius Hostilius; Tarquin venge ce roi en usurpant le trône aux descendants d'Ancus Marcius. Servius Tullius s'assied sur le trône ensanglanté de Tarquin l'usurpateur; Lucius renverse Servius Tullius du haut du trône, et sa propre fille fait passer les roues de son char sur le cadavre. Lucius ne put pas non plus jouir tranquillement du fruit de son usurpation, et mourut violemment. Tarquin le Superbe s'assied sur le trône vacant, sans tenir compte de l'élection populaire, et à la fin le peuple, indigné par ses excès, lui fait expier son usurpation par un exil honteux. — Et après? La monarchie tomba, et lorsque avec le temps le peuple romain prit une part plus directe dans l'usurpation des empereurs, l'ignominie de ses défaites fut aussi grande que la gloire de ses conquêtes.

Passons à une autre période. En Écosse, la dynastie des Stuarts saisit le sceptre ; et à partir du moment où le comte Athol conspire contre Jacob Ier, jusqu'à ce que l'Électeur de Hanovre, en 1714, mette la couronne sur sa tête, l'usurpation fait place à l'usurpation ; le régicide succède au régicide comme pour le venger, et le sol anglais est couvert de calamités de tout genre.

Veut-on un exemple récent ?

Louis-Philippe conspire contre les Bourbons et monte sur le trône de Charles X ; mais Dieu ne permet pas que son attentat soit légitimé par une tranquille possession du fruit de son usurpation. Après quelques années de règne, le peuple qui lui a servi d'instrument se lève contre lui et le dépouille du sceptre qu'il avait usurpé. — Et après? La famille d'Orléans, comme les Juifs, se trouve dispersée un peu partout. Soumise à l'inflexible loi de l'expiation, elle gémit accablée sous l'énorme poids de l'histoire de ses aïeux, ou trame de nouvelles conspirations pour briser le joug de son funeste destin. — Quel aveuglement !

Dans les périodes révolutionnaires, c'est celui qui tremble le plus qui commet le plus d'excès; et comme la crainte est continuelle, les crimes sont illimités.

Maintenant il est opportun de demander : Est-il un candidat qui mérite que l'Espagne, à cause de sa personne, entre dans une ère de troubles et de guerres intestines qui seraient à jamais mémorables ? Et pourquoi tout cela? Pour qu'à la fin les vagues de cette mer de larmes et de sang qui va de Cadix à Alcolea, et de Malaga à Burgos, irritées par la tempête des passions déchaînées, passent par-dessus le trône élevé par l'ambition et le dépit ?

N'allons pas plus loin ; la seule solution possible, c'est la restauration d'Isabelle II. Isabelle II est en même temps une garantie contre les fureurs de la révolution et contre les excès de la réaction ; c'est le droit qui lui ouvre le sentier qui mène au palais, elle a cet avantage sur tous les prétendants, et pour se soutenir elle n'a pas besoin de pousser à l'extrême ses actes politiques. Il n'y a que celui qui n'inspire pas d'amour à ses peuples qui fasse appel à la violence ; et la preuve évidente que la Reine en inspire, c'est qu'elle a été très-souvent acclamée avec un ardent enthousiasme.

La restauration serait répressive entre les individus et les individus; conservatrice entre les individus et les institutions, libérale entre les individus et les intérêts.

Si Isabelle II n'avait pas les qualités nécessaires pour régner, qui donc alors pourrait être roi d'Espagne? Et si, ayant agi comme nous l'avons exposé, elle mérite l'exil, quel roi y a-t-il au monde qui ne doive être détrôné? Quel est le ministre, le juge, le fonctionnaire qui ne mériterait une terrible sentence? Que celui qui se croit innocent jette la première pierre !

S'il faut punir, une seule punition n'est pas suffisante.

Il ne reste aucun doute à l'égard de la restauration : ceux qui la désirent n'ont plus qu'à discuter entre eux la manière dont elle doit se faire. Convient-il de la faire tout uniment et simplement, après ce qui est arrivé, ou vaudrait-il mieux que Sa Majesté abdiquât en faveur du prince des Asturies?

Cette question aurait pu être l'objet d'un débat avant que Sa Majesté eût exposé sa volonté dans le manifeste du 5 février, mais ce débat ne peut plus avoir lieu aujourd'hui. L'abdication, sagement repoussée par Sa Majesté, serait préjudiciable pour deux puissants motifs : d'abord, parce qu'elle exposerait le pays aux éventualités d'une régence, et ensuite parce que dans les circonstances présentes elle équivaudrait à une peine infligée par ceux-là mêmes qui nient et la responsabilité et la faute.

Le manifeste de la Reine doit être le drapeau de la restauration.

Laissons aux partis révolutionnaires qui ont une

Si on prive la Reine de la possession du trône, sur quelle raison basera-t-on l'inviolabilité des Cortès?

opinion erronée sur la dignité et sur d'autres choses, le soin d'imposer des conditions dures et humiliantes aux rois qu'ils cherchent; laissons aux prétendants qui mettent leur ambition au-dessus de l'honneur la faculté de les accepter et de se soumettre par ce moyen à la volonté capricieuse de leurs partisans inconsidérés; les partis conservateurs, monarchiques par le cœur et par conviction, sont dans l'obligation de ne pas susciter de conflits et de ne point affaiblir par leurs appréciations individuelles le prestige des rois. La Reine n'a pas manqué à ses devoirs; il n'y a donc pas lieu à la soumettre à un jugement qui serait une condamnation atténuée, à cause de l'offense qu'il renferme. Laissons de côté ces questions qui pourraient, si elles étaient discutées avec chaleur, devenir une pomme de discorde; et tout en respectant la prérogative royale, que nous devons supposer soutenue par de bons conseils, gardons-nous bien de donner à nos adversaires le funeste exemple de demander compte de sa conduite, à celle que la Constitution déclare sacrée et inviolable.

L'abdication représenterait la faiblesse.

On comprend les raisons qui militent en faveur des partisans du prince des Asturies. Beaucoup de personnes se souviennent des diatribes débitées contre la Reine au commencement de la révolution, et veulent lui éviter le chagrin de passer devant ceux qui les ont répandues. Ceux qui s'expriment ainsi sont monarchico-dynastiques, et nous sommes loin de nier leur bonne foi; mais ils ne se rendent pas compte que c'est de la faiblesse que de céder devant ses adversaires, quand on a la raison de son côté, et que la faiblesse, quand la lutte est engagée et qu'on entend dans les airs l'éclat bruyant des combattants, c'est la mort. Où serait la justice et quel espoir de paix pourrait avoir le citoyen, si la constance de celui qui s'appuie sur le droit était moindre que l'énergie de celui qui l'attaque? Pour avoir de la fermeté, en politique, dans l'accomplissement du devoir, il faut de la force d'âme pour supporter les douleurs amères que cause la médisance, aussi bien que pour résister aux séductions de la louange.

Ce n'est pas à coup sûr pour jouir des avantages du pouvoir suprême qu'Isabelle II refuse d'abdiquer. Que de fois la couronne royale a dû blesser son front comme une couronne d'épines ! Si Sa Majesté refuse d'abdiquer, c'est parce qu'elle pense que le bien de la patrie, qui est sa constante préoccupation, disparaîtrait entièrement dans la guerre implacable qu'avant ou après ne manqueraient pas de susciter les aspirants ambitieux à la régence de son fils. L'abdication augmenterait le désordre.

La loyauté envers la Reine et la tranquillité du pays exigent que l'abdication ne soit pas un motif de dissidence, surtout dans les circonstances présentes, car aux yeux de bien des gens elle serait accompagnée par l'humiliation et par la force. Espagnols ! vous tous qui avez été auprès de la Reine et qui l'avez applaudie, soit dans une période, soit dans une autre, vous êtes obligés de protester avec courage contre la culpabilité d'Isabelle II ! L'honneur réclame que vous réprouviez énergiquement l'inique sentence qui la condamne à l'ostracisme et déshérite sa descendance, afin d'éviter qu'elle arrive au sommet du calvaire, après avoir épuisé à elle seule le calice d'amertume placé dans ses mains par les fautes de tout le monde ! On peut accepter le fait accompli contre l'opinion, mais non contre le droit.

Paris. — Typographie Hennuyer et fils, rue du Boulevard, 7.

www.ingramcontent.com/pod-product-compliance
Ingram Content Group UK Ltd.
Pitfield, Milton Keynes, MK11 3LW, UK
UKHW031958260826
14628UKWH00005B/2130